나는 드라이어로
　　　내 속눈썹을
　　말린다

ich föhne mir meine wimpern by Sirka Elspaß

ⓒ Suhrkamp Verlag GmbH, Berlin 2022.
All rights reserved by and controlled through Suhrkamp Verlag GmbH Berlin.

Korean Translation Copyright ⓒ 2025 by MAUMSANCHAEK
Korean edition is published by arrangement with SUHRKAMP VERLAG AG through Imprima Korea Agency

이 책의 한국어판 저작권은 Imprima Korea Agency를 통해
SUHRKAMP VERLAG AG사와의 독점계약으로 마음산책에 있습니다.
저작권법에 의해 한국 내에서 보호를 받는 저작물이므로
무단전재와 무단복제를 금합니다.

지르카
엘스파스

박경희 옮김

나는 드라이어로
　　내 속눈썹을
　　말린다

마음산책

나는 드라이어로
　　　내 속눈썹을
　　　말린다

1판 1쇄 인쇄　　2025년 10월 30일
1판 1쇄 발행　　2025년 11월 5일

지은이　　　지르카 엘스파스
옮긴이　　　박경희
펴낸이　　　정은숙
펴낸곳　　　마음산책

담당 편집　　　김수경
담당 디자인　　한우리
담당 마케팅　　권혁준·김근희
경영지원　　　박지혜

등록　　　2000년 7월 28일(제2000-000237호)
주소　　　(우 04043) 서울시 마포구 잔다리로3안길 20
전화　　　대표 | 362-1452　편집 | 362-1451　팩스 | 362-1455
홈페이지　www.maumsan.com
블로그　　blog.naver.com / maumsanchaek
트위터　　twitter.com / maumsanchaek
페이스북　facebook.com / maumsan
인스타그램　instagram.com / maumsanchaek
전자우편　maum@maumsan.com

ISBN　　　978-89-6090-958-8 03850

* 책값은 뒤표지에 있습니다.

누구도 사물 위에 서 있지 않다
우리는 모두 사물의 한가운데 서 있다

차례

1 생각의 흐름이 가장 멋진 무브를 만든다 11

Ⅰ 나는 고맙다 인사하고 / Ⅱ 난 흉터를 갖고 싶어 너와 닮은◦한 아이가 헬멧을 쓰고 유아차에 앉아 있다◦제설차들◦저기 저 불빛들이◦나는 쓴다 그것이 다시 나에게 유용하리라 생각하니까◦날씨란 얼마나 빨리 뒤바뀌는가◦언제나 나는 비가 오면 하늘을 만나네◦생각의 흐름이 가장 멋진 무브를 만든다◦우리는 추락할 것이다◦나는 많은 단어를 안다 그리고 그중 어떤 것도 적합하지 않다◦에스컬레이터의 손잡이는 언제나 사람보다 조금 더 빨리 움직인다◦그런데 진통제는 어디가 아픈지 어떻게 알지◦동시성◦액자는 언제 발명됐을까◦그리고 무엇보다 모두 위로를 원한다◦몸을 가졌다는 것은 엄청난 책임을 의미한다◦나는 행복을 가진 적이 없지만 가졌더라면 간직했을 것이다◦너는 결코 로미 슈나이더와 닮은 적이 없었지만 늘 그런 척했어◦너는 매트리스 위보다 더 깊이 추락할 수 없다◦여성형은 알지 못한다◦위키피디아에 나오지 않는 한은 내가 더 잘 알아◦솔직히 그것이 너를 그리워할 좋은 이유는 아니다◦한번은 그중 한 마리에 장난감 마차를 연결해 놓았다◦베르사유의 한 화장실에서◦엄마는 늘 그렇게 말했다◦사실 흡연이지요◦풍선을 자세히 들여다봐◦나중에 봐 어쩌면 나 늦을지도 몰라◦Ⅰ 신체 부위를 버리는 수거함이 있다 / Ⅱ 그리고 분리수거 말인데◦당신을 안아봐도 될까요

2 **엄마 I** 45

1 이미 오래전부터 나는 누군가를 꿈꿔왔어요 ◦ 2 나 크러시 했어 ◦ 3 내게 필요한 것은 누군가의 포옹이었는데 ◦ 4 길을 막고 서 있은 지 우리 이미 오래되었어 ◦ ˹4.1 나는 내 주둥이 속으로 소금을 쑤셔 넣는다 ◦ 사람이 된다는 건 너무 어렵군요 ◦ 나 그렇게

3 **그냥 피는 꽃들이 있지 저렇게 돌 틈 사이로** 63

오늘 나는 15분 동안 너의 웃음을 흉내 내봤어 ◦ 장 아메리의 무덤 앞에 앉아 ◦ 그냥 피는 꽃들이 있지 저렇게 돌 틈 사이로 ◦ 마트료시카 ◦ 이 정도는 나의 프랑스어로 충분해 ◦ 오늘 밤 나는 불을 켠 채 잔다 ◦ 백기 ◦ 나는 내 삶을 위해 달릴 준비가 되어 있어야 한다고 생각했다 ◦ 나는 이 벽에 창문이 있다고 생각했다 ◦ 몇몇 문화권에서는 취스라고 말한다는데

4 **엄마 II** 75

NO NO NO NO ㄷ ◦ 어느 지점에서 우리가 뭔가를 ◦ 나는 몸을 흔든다 ◦ 엄마 이제 누가 나를 ◦ - ◦ 누구도 사물 위에 서 있지 않다 우리는 모두 사물의 한가운데 서 있다

감사의 말 89
한국어판 인사말 90
해설 김소연 94

나는 행복을 가진 적이 없지만 가졌더라면 간직했을 것이다

일러두기

1. 외국 인명 등의 고유명사와 독음은 외래어표기법을 따르되 관용적인 표기와 동떨어진 경우 절충하여 실용적인 표기를 따랐다.
2. 원서에서 굵은 글씨와 기울인 글씨로 강조한 부분은 우리말 문장에서도 동일하게 표시했다.
3. 원서에 영어 및 프랑스어로 쓴 문장은 우리말로 옮기고 글줄 상단에 원시의 행에 맞추어 원어를 병기했다.
4. 각주는 모두 옮긴이 주이다.

1

생각의 흐름이
가장 멋진 무브를
만든다

I

내가 태어날 때 흠칫하는 건

내 목소리 때문이야

의사는 말하지

나에게 대단한 능력이 있다고

예를 들면 배고픔을 느낀다든가

나는 고맙다 인사하고

가까운 케밥 가게로 가네

II

내 수호 동물을 찾았어

웃는 핫도그야

힘든 나날에 우리는 서로에게 손을 흔들어

냄비 안에서

소시지가 터지네

난 흉터를 갖고 싶어

너와 닮은

그리고 만약 세상이 처음부터 이러했다면
 실제와 조금도 다를 바 없었다면 누가 남고 싶을까
나는 확실히
 아닌데 그리고 아이들을 어떻게 대해야 하는지
 세상이 알지 못한다면:

한 아이가 헬멧을 쓰고 유아차에 앉아 있다
아이는 더 이상 스쿠터를 타고 싶지 않다
아이가 묻는다 어느 쪽이 더 나쁠까
다리가 부러지는 것 아니면 팔

새벽에 **제설차들**이 지나간다

대도시의 하늘이

땅에서 되쏘는

빛을 저장하고 나면

제설차들은 자취 없다

창 너머에서 첫 불빛들이 켜지는 순간

그것들은 소음을 일으킨다 그러고 나면

다시 고요하다

나는 서류를 철하려고 했는데

잊었다 그건

제설차들 탓이다

내 창문 앞 교회 앞의 전나무는

12월 초부터 불빛을 던진다 건물 관리인이 찾아와

한 줄에 매달린 전구들을 전나무 속으로 던졌다

나무는 이따금 조금씩 흔들린다

이것은 나에 관한 이야기가 아니다

그 나날들 동안 내가 이런 소식을 전할 수는 있지만

저기 저 불빛들이 들쑥날쑥 7시 반 방향에 걸려 있어

이미 10시가 되었는데도

갑자기 밖이 너무 환하다

하늘이 눈을 반사하나 아니면

그 반대인가

나는 쓴다 그것이 다시 나에게

유용하리라 생각하니까

내 삶에 지속적인 것이 있나

날씨는 아니다

항상 있는 것이지만

날씨란 얼마나 빨리 뒤바뀌는가

아주 빠르게

내가 창밖을 내다보고 있을 때

맞은편 교회 앞에서 한 남자가 고개를 숙인다

그러고 나서 무릎을 꿇는다

맞은편 교회 앞에서는 볼 만한

일들이 많이 일어난다

나는 묻는다

울고 있는 여자는 무엇을 찾고 있을까

껴안고 있는 연인들

교회에서

와이파이를 끌어다 쓰는 십대들

누군가 말하는 소리가 들린다

언제나 나는 비가 오면

하늘을 만나네

인스타그램에

요즘 새로운 트렌드가 생겼다

색색의 양초를 데우고 비틀어서

트위스트 캔들이라고 이름 붙인 다음

완성 샷을 올린다 나는 이 모든 것을 한다 베이킹을 하고

뜨개질 도안을 찾아보고 마크라메 벽걸이도

시작했다 그것들은 보기에 끔찍하다 그렇게

나는 나를 지킨다 왜냐하면

모두가 알고 있으니까

생각의 흐름이 가장 멋진 무브를 만든다[※]

나는 조용히 하늘을 향해 비명을 지른다

내가 얼마나 슬픈지

※ move는 독일 청소년들 사이에 널리 퍼진 은어로 댄스의 무브를 비롯해 '어떤 행동을 취하다' '결정하다' '이성에게 다가가다' 등 다양한 의미로 사용된다. 시인은 스케이트보드에서 사용되는 '무브'와 가장 유사한 의미로 썼다.

영상통화로 극복할 수 없는

정적이 들어서 있다 지금

서로의 품에 안기는 것은 불가능하다 **우리는**

추락할 것이다

나는 스웨터를 여러 벌 겹쳐

입는다 우리가 마이크 테스트를 하며

서로를 유심히 마주 보는 것에는

어딘가 기이한 데가 있다

**나는 많은 단어를 안다 그리고 그중 어떤
것도 적합하지 않다** 내 할머니가
이렇게 묻는 날에는
신이 어째서 우리를 떠난 것이냐
그녀의 두 손은 뒤러의 것일 수도 있는데
어떤 영靈도 개입하지 못한다
마땅히 그래야 할 텐데도

무엇을 붙잡을 수 있고 무엇은 아닌가
월요일 저녁 이후로 나는 이해한다 누구든
할 말이 없는데도
말하는 사람을

시간이 제자리에 멈춰 있는 날들 가운데 하루다
그러나 새들은 아무 일 없다는 듯 계속 지저귄다
나는 온라인에서 촛불 하나를 켠다
그리고 164명의 다른 사람들도, 현재 시각, 토요일,
23:13

어떤 것들을 새들은 전혀 눈치채지 못하는 것 같다
아니라면 그들이 우리를 계속 살아가도록 지탱해주는 것이다
이런 지식과 더불어
에스컬레이터의 손잡이는 언제나
사람보다 조금 더 빨리 움직인다

그런데 진통제는 어디가 아픈지 어떻게 알지

누군가 묻고 나는 생각한다

그거라면 분명

과학적인 해답이 있겠지

내 답은 이렇다:

고통이 멀리서 손짓하면

완화제가 그곳으로 질주한다

마치 매치박스 미니 카처럼

동시성

여기 이 모든 것을 고안해낸 그를
나 울면서 축하하네

내가 무슨 꿈을 꾸고 싶은지 막상 알고 있을 때면
항상 질문이 떠올라 쉽게 잠들지 못한다 언제부터
우리는 동굴을 무서워했지
명상 시간에
배웠다
마치
구름처럼
생각이
오고
가게
두는 법을
하지만 지금은 새벽 3시이고
나는 갑자기 알아야 할 게 있다
액자는 언제 발명됐을까

섭식장애를 앓는 사람들의 모임에서

누군가 건배toast를 외친다

삶을 위하여

반년 전에 거의 죽다 살아난

누군가를 위하여

그리고 무엇보다 모두 위로trost를 원한다

토스트 위에 햄과 치즈와

파인애플을 원하는

사람은 드물다

달이 기우는 것만큼 슬픈 건 없다

희미해지는 촛불 아래서

너는 다음과 같은 문장을 쓴다

몸을 가졌다는 것은 엄청난 책임을 의미한다

그리고 누구도 방법을 알고 나서

태어나지 않는다

그러나

낫 모양 달에 누가 전단지를 붙였다

사람을 찾습니다

고양이가 사라졌어요

사과가 포옹이라면

나는 그 속을 파먹는 벌레다

넷플릭스 시리즈가 정리정돈이 무엇인지 가르쳐준다

곤도 마리에의 법칙은 이렇다

설레지 않으면 버려라 get rid of anything that doesn't spark joy

나는 아주 오래 내 양말을 바라본다

그러고 나서

너의 얼굴도

알고 있다

나는 행복을 가진 적이 없지만 가졌더라면

간직했을 것이다

무엇이 내 눈에 널 그렇게 예뻐 보이게 했는지
더 이상 모르겠어 네가 베를린에서 왔기 때문은
아니었어 아마 모든 것이 착각이었을까
지난주에 한 옵아트 전시회에서
나의 시각적 습관에 대해 많은 것을 배웠고
두통을 느꼈지
너도 비슷했어
너는 결코 로미 슈나이더와 닮은 적이 없었지만
늘 그런 척했어

너는 매트리스 위보다 더 깊이 추락할 수 없다

그걸 알아야 해 너를 지탱하고 싶다면

슬픈 날에 나는 아픈 질문들을 던져

우스개 질문들이 아직 유행하던 시절처럼

첫사랑과 무시의 공통점이 뭘까

나는 모르겠어

그래서 나는 사람들이 공공연히 묻지 않는 것을 구글에 묻는다 so I ask google the thing you do not ask in public

당신의 강간범을 저주하는 방법은? *how to curse your rapist?*

그에 대한 토론장이 있다

내가 형태에 노력을 기울이는

명칭들이 있다

이 언어의 어떤 부분들에

처음부터 오류가

깔려 있지 않은 듯

젠더는 액체다 gender is fluid

나는 재 속에서 태어난 불사조[x]다 하지만

여성형은 알지 못한다

이전보다 더 아름다운 깃털을 가진

재 속에서 태어난 새 여자

---

[x] 독일어로 불사조 der phönix 는 남성형이다.

내 혀에 감도는 쓴맛은 아마도

나의 식습관과 잦은 흡연 때문일 것이고

여덟 살 때 규칙적으로 소금 램프를

핥아서는 아닐 테지만 그럼에도

알 수 없는 것이다 내 생각이 이렇다 해도

위키피디아에 나오지 않는 한은 내가 더 잘

알아 그러나

진실은

항상 자신의 증상을 구글링하면

암일 가능성도

있다는 것이다

여름이다 외로움에

짓눌려 나는 두 가지를 동시에 시도한다

사라지기와 커다래지기

나는 우리의 모습이 지금 내가

바라는 대로이던 날들을 떠올린다

무엇보다 조금

덜 외로웠던 때를

솔직히 그것이

너를 그리워할 좋은 이유는 아니다

나는 우선순위를 새롭게 정립한다

예를 들면 내 오리털 점퍼에 어울리는

버클 달린 숄더백 같은 것으로

어린 시절 어느 여름 동안

나는 두 마리의 달팽이를 키웠다

가끔 그들은 외출을 허락받았고

그저 느릿느릿 멀어져 갔다

나는 그것을 그들이 기꺼이

내 곁에 있었다는 신호로 이해했다

한번은 그중 한 마리에

장난감 마차를 연결해놓았다

5분마다 마차 바퀴가 굴러갔다

눈에 띄지 않을 만큼 앞으로

앞의 장면은 사진이 남아 있다

뒤의 장면은 비디오카메라가

필요했을 텐데 우리는 가지고 있지 않았다

베르사유의 한 화장실에서 나는 생리를 시작한다

꼼꼼히 살펴보고 하체를 향해 말한다 *너만큼no one*

여기 어울리는 사람은 없어/ 네가 심어진 곳이 어디

든 꽃을belongs here more than you/ bloom wherever you're

피우렴planted 나는 뚝뚝 떨어진다

살이 나를 건드렸다 나는 거울의 방에서

모든 일이 어떻게 일어나는지 지켜본다 마리 a.의 유품은

빗 속의 그을린 머리카락 같은 것일 수도

나는 드라이어로 내 속눈썹을 말린다

전쟁에서 방금 돌아온 것처럼

여름 폭우 예보가 있었다

그것이 시작될 때 커다란 함석판을

흔드는 소리가 났다

그리고 정말 밝은 섬광이

3시 32분을 웃돌 무렵

짧게 그 하루를 밝히자 나는 즉시

모든 플러그를 뽑고

주변의 패러데이 케이지를

구글링했다

비는 25도가량 기울기로

열린 창문에 부딪쳐 쓰러졌다 빗물이 들이쳤다

꽃병에 꽂힌 꽃들조차 무엇인가 감지하고

번개가 칠 때마다 꽃잎을 활짝 피웠다

나는 부모의 침대가

수백 킬로미터 떨어져 있음을

기억했다

엄마는 늘 그렇게 말했다

사람을 태우는 말은

자신이 가진 힘을 모른다

무엇이 가장 혐오스러운가요

나브라틸*이 에른스트 헤르베크에게 묻는다

사실 흡연이지요 나는 담배에 관한

헌정 시를 쓴다

이것이다

오

나 오늘 가래침 뱉는 걸

깜빡했네

✖　　오스트리아의 시인 에른스트 헤르베크에게 시 쓰기를 권유한 정신과
　　　의사.

나는 알아 네가 있으리라는 걸

그렇지 않더라도 그렇게

말할 거야 왜냐하면 내가 알고 있는 다른 하나는

그럼에도 네가 묻게 되리라는 거니까 사람들은 어떻게 상실을

해독解讀할까 그리고 상실을 해독한다는 건

무슨 느낌이냐는 거겠지 너와 같은 사람을

잃었을 때

나는 이렇게 배웠어

풍선을 자세히 들여다봐 그러면

빨리 이해하게 될 거야 그것이

어느 순간이든 터질 수 있다는 사실을

걱정 마

오늘은 우리 차례가 아니야

너 내 장례식에 올 거니

나한테 지금 그런 일이 일어난다면

유골함에 담겨 안치될 거야

나는 태워지고 싶어

산속 어딘가에

나를 뿌려줬으면 해

누군가 첼로를 연주하겠지

야생화들 사이로 감상적인 곡들을

그리고 약간의 팝송도

집으로 돌아가는 길에 너는

오래전 내가 보낸 음성메시지를 듣게 될 거야

내가 이렇게 말하는

나중에 봐

어쩌면 나 늦을지도 몰라

I

살면서 가끔은 내가 어쩔 수 없는 일들이 있다
예를 들면 한 소녀가
마스카라로 히틀러의 콧수염을 그리는 것
신체 부위를 버리는 수거함이 있다
예를 들면 네가 더 이상 손을 갖고 싶지 않을 때
가끔은 그런 일이 일어난다
그러면 너는 그것들을 딱총나무 가지가 드리워진
쓰레기 더미에 버릴 수 있다

내 발가락은 E. T.의 손가락을 닮았다
그것들로 한 번도 집에 전화를 걸 수 없었다
집으로 돌아가는 길에 쐐기풀마저도 나와 손바닥을
마주쳐주지
않았다는 말이다

II

살면서 가끔은 내가 어쩔 수 있는 일들이 있다
예를 들면 아기 예수의 비즈 그림 같은 것

누구도 너의 작품을 사고 싶어 하지 않는다 네 엄마 말고는

나를 인터뷰한 내 녹음테이프 같은 것

나는 세 살인가 네 살이고

의심이 명료한 상태다

아니면 내 첫 번째 인형의 까뒤집힌 눈 같은 것

15년이 지나도 나는 아직 그녀를

병원에 데려가지 않았다

그리고 분리수거 말인데

인형은 어느 수거함에 넣어야 하나

사랑했던 것들은 어떻게 떼어내지

더 이상 작동하지 않을 때

당신을 안아봐도 될까요

이것도 우리가 너무 드물게 던지는

질문 중 하나죠 당신을 거의 알지도

못하는데 그런 레벨에서 포옹한다는 건

흔한 일이 아니라는 걸 알지만

이미 멀리서부터 나는 보여요 그리고 알아요

당신은 좀처럼 인정하려 하지 않죠

당신은 울었거나 아니면 얼굴에

일광화상을 입었어요

엄마 I

1

사람 사이의 관계가

나의 네메시스다

나를 성가시게 할 who's next

다음 사람은 누구일까 to dog me around

당신인가요

나인가요 is it me

내가 찾는 건 단지 엄마일 뿐인데

내 엄마를 제외한 어떤 엄마

어쩌죠 아아 엄마

미안해요

이미 오래전부터 나는 누군가를 꿈꿔왔어요

나에게 사다리 오르는 법을

가르쳐줄 사람을

오래된 이빨 하나가 살을 뚫고 올라와

눈구멍까지 아픔이 차오르네

오른뺨을 따뜻하게 해줘

고통이 몸 왼쪽까지
퍼지지 않는 한
나는 걱정할 필요 없어
왼편에는 심장이 있어
중요한 일들은
그곳에서 일어나지

2

눈물을 그냥 흐르게 놔두는 것도

아주 그럴듯한 콘셉트야

그걸 난 오랫동안 이해하지 못했어

나는 급류를 생각해야만 해

허가는 구하지 않는 실례지만 like

내가 나여도 될까요 excuse me please can I be me

엄마에게서 나는 배웠어

눈이 올 때나 길이 얼었을 때는 절대

좋은 가죽 신발을 신고 나가면 안 된다고

결코 지워지지 않는

소금 얼룩이 생긴다 알아요

엄마

내 눈물이 엄마의 블라우스에 소금 얼룩을

남겼던 어떤 날을 기억해

한 번도 묻지 않았지만

소금 얼룩은 남았지

이제 엄마는 무엇으로

나를 기억할까

친구와 대화하다 나는 소리 내 웃으며 말한다

나 크러시했어 그녀는 크래시*라고

알아들었지만 어쩌면 내가 그 단어를 그냥

잘못 발음했을지도 모른다

한번은 당신이 콕 집어 그에 관해 물었다

나는 내 심장을 목줄에 묶어두고 말했다

아뇨

✱   crush는 누군가에게 반했다는 뜻으로도 쓰이며, crash는 시에서 '충돌하다' '무너지다'라는 뜻으로 여러 번 사용된다.

3

월요일 영상 상담 시간에 나는

노트북 마이크에서 몸을 살짝 떼고

코를 푼다

상담사가 키보드로

서둘러 볼륨을 낮추는 소리가

들려온다

내게 필요한 것은 누군가의 포옹이었는데

엄마

당신의 포옹은

아녜요

나를 어떤 탯줄에도

묶이지 않은

사람이게 해줘요

오늘 난 하루 종일 움직이지 않았죠

뭔가를 쓰러뜨릴까 무서웠어요

예를 들면 우리요

우리가 꽃병도 아닌데

난 지키려고 해요 어떤 간격을

욕구를 가진 인간적인 존재이기보다

어떤 부재에 가깝기를

차가워질 수 있는 따뜻한 인간이기를

당신은 아무것도 몰라야 해요

한편으로 그건 내가 할 수 있는 가장 정직하지 못한 짓이에요

다른 한편으로는 모르겠어요 버티는 것이 유행인

그런 시대가 있었나요

나는 나에게 금지했어요

당신에게 다시 이메일 쓰는 것을

그 안에서 말을 더듬는 것을

대신 정돈된 순서에 따라 단어들을 모아요

지금보다 나은 때가 온다면

당신에게 말할 수 있도록

밤에 침대에 누우면

내 외로운 입장에 대해

이해를 구하죠

시간이 모든 기적을 치유해 한 아이가

거리에서 말한다 기적이 아프다면 지금은

내가 시간을 믿고 기다려볼 때

어쩌면 조금은 앞으로 밀어줄 수도

4

우리 여자들 누구나 이야기 하나씩은 들려줄 수 있지
가능한 한 적은 공간을 차지하고 싶다는 것이
무슨 의미인지에 대해 시선을 떨구고
불확실성이 우리를 멀리 데려왔어
정말 멀리 어떤 날들에 나는 내가
우러러볼 수 있는 사람들에 관한 꿈을 꿔
그녀들의 당신의 두 손이 약간 떨린다는
사실에도 불구하고 또는 그렇기에

이제 내가 당신의 결여를 보았으므로
더 이상 어떤 시점時點도 옳지 않을 거야

우리를 위험에 빠뜨리기

나를 위험에 빠뜨리기 그걸 난
자꾸만 반복했지 그것이 내가 할 수 있는
가장 급진적인 일처럼 느껴졌어
그게 아니라면 내가 뭘 해야 했을까

눈사람에 소금 뿌리기

세상에 분노가 치미네

조금 더 일찍 그랬으면 나

한 번도 죽을 필요가 없었을 텐데

하지만 난 몇 해째 크래시하고 있어

우리 언제 무너지나요 우리의

포옹 속에서 처음으로

마주 보며

길을 막고 서 있은 지 우리 이미 오래되었어

언제 크래시하나

엄마

언제 날 받아들일 거예요

두 번째로

난 필요해요

당신이

4.1

나는 내 주둥이 속으로 소금을 쑤셔 넣는다

개한테 해서는 안 되는 식으로

목줄이 없었더라면

내 심장은 지금

그녀에게 달려들 텐데

5
우리는 둘이 마주 서서
하나의 밧줄을 당긴다 거기
여름날의 어린이 생일 파티다운 것은
더 이상 없다 즐거운 놀이가 아닌
살얼음판

내가 손을 놓으면
당신은 꼿꼿이 서 있겠지요
당신이 손을 놓으면
난 쓰러져요

그걸 안다고 우리에게 달라질 게 있나요

그걸 안다고 당신에게 달라질 게 있나요

사람이 된다는 건 너무 어렵군요
하지만 난 꼭 되고 싶어요

내가 가는 곳이 어디든

당신의 결여는 언제나 먼저 와 있어요

내 사랑은 어느 곳에서도

안전하지 않죠

우리 언제 크래시해요

엄마

6

선을 넘지 말자고 결정했을 때
어쩌면 우리는 이미 선을 넘고
있었는지도

난 우리를 지탱할 수 없어요
이제 떠날 시간이에요
이별을 출구로 생각하며 하지만
나 혼자 감당할 수 있을까
두려움이 남아요

엄마
자
어두워져요
나를 데려가줘요
집으로

그러자 오래된 이빨이 살을 뚫고 나와
엄마

나는 부른다

엄마

나

그

럴

게

3

그냥 피는
꽃들이 있지
저렇게 돌 틈 사이로

오늘 나는 15분 동안

너의 웃음을 흉내 내봤어 그냥

듣고 싶어서

하지만 흘러나오는 건 전부

너를 떠올리게 하기보다

나를 너무도 닮은 내 목소리뿐이었어

내 그리움이 어떤 소리인지

알고 싶다면 전화해

이 소리들이거든 그리움을 들을 수도 있다면

장 아메리의 무덤 앞에 앉아

나의 철학 선생님에게 전화를 건다

그녀가 나에게 멋진 작별 선물을 할 수도 있었는데 너는

말하고 나는 침묵한다 나는

내가 떠날 수 없다는 것을 이해한 것

같다 네가 없이

너 없이

없이

그냥 피는 꽃들이 있지 저렇게

돌 틈 사이로 그게

나에게 항상 너무 감동을 줘 너는 말한다

꺾어본 적이 있니 내가 묻는다

아니 너는 말한다 쟤들은

모르잖아 원하는 사람도 없이

저기 피어 있다는 걸

마트료시카

점점 작아지는 변종을
제 속에 품거나 반대로
점점 커지는 변종을
제 몸에 껴입거나
각각의 크기마다 지혜와 단단함을
간직하고 가장 작은 것이
가장 안쪽에 산다
엄마껍질들과 껍질아이들에 둘러싸여
가장 바깥의 엄마아이는 무엇에
둘러싸여 있나
총체는 어디에
살지

이 정도는 나의 프랑스어로 충분해

프라임타임에 방영된

인터뷰에서 벨기에 가수 스트로매가

음악이 당신을 자유롭게 하는 데 도움이 되었나요 est-ce que la musique vous a aidé à vous en libérer

사회자의 질문에 노래를 부르기 시작한다

나는 가끔 자살 충동을 느꼈어요 j'ai parfois eu des pensées suicidaires

자랑은 아니지만 et j'en suis peu fier

연주곡이 흐른다

사회자는 오랫동안 비치지

않는다 텔레비전 화면의 뒤편에서

어쩌면 바람이 불고 있나

내 머리카락 사이로 내 기이한 삶 속으로

머물기 위해 대가를

치르는 노력

나는 독일로 간다

기차표 150유로를 지불하고

가는 내내 거의 숨을 쉴 수 없다

너에게 돌아가기 위해

필요한 만큼만 겨우

너에게 다가가 두 손을 모으고

기도하듯 고개를 숙인 네 모습

너와의 거리가 얼마 남지 않았을 때

나는 안녕이라 말하고

갑자기 그것은 적합하지 않은 단어가 된다

어쨌든 나는 여전히 너를 사랑하므로

어떤 식으로든

오늘 밤 나는 불을 켠 채 잔다

백기 biała flaga

나는 나의

느낌들과 더불어

테이블 앞에 앉아

평화의 깃발을 흔든다

나는 일찍 달리기를 배웠다 **나는**
내 삶을 위해 달릴 준비가 되어 있어야
한다고 생각했다
결코 그런 적이 없다 해도
연습은 했다 그다지 우아하지는 않지만
자신은 있었다

그러다 우리가 서로를 알게 되었고
너는 뛰는 걸 좋아하는 사람이 아니라서
우리는 자주 논쟁했다
상상을 해봐 어떻겠어
내가 말했다
나는 내 삶을 달리는데
너는
아니야
나는 내 삶을 달리는데
너는 아니야

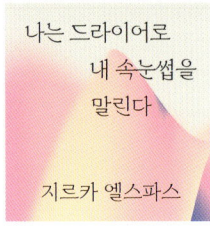

우리 앞에 새로 도착하는 시인을 가장 먼저 맞는 일은 때때로 감당을 넘어서는 감동을 선사합니다. 작고 투명한 언어를 통해 내면의 상처와 세계의 균열을 드러내는 독일 시인 지르카 엘스파스와의 만남이 그랬습니다.

『나는 드라이어로 내 속눈썹을 말린다』는 처음 만나는 시인의 첫 번째 시집입니다. 독일어권에서는 엘스파스의 출현으로 시를 향유하는 독자층이 넓어졌다고 할 만큼 이례적인 인기를 구가하고 있어요. 그의 시는 오늘날 독일 시가 어디로 향하는지 보여주는 지표라고도 일컬어집니다.

엘스파스는 오랜 시간 SNS를 기반으로 글과 이미지를 조합하며 시적 언어를 실험해왔습니다. 한편으로 '도움 되는 것'이라 이름 붙인 공책이나 들여다보는 이를 안아주는 거울 등을 만들어 자신과 타인을 위로하는 기획도 진행했어요. 어떤 방식으로든 사람들에게 시가 생활의 일부가 되기를, 자기 활동이 위안을 주기를 바라는 마음에서였겠지요.

케밥 가게, 도시의 새벽, 교회 앞 전나무, 에스컬레이터 손잡이, 소금 얼룩이 남은 엄마의 블라우스……. 엘스파스의 시에는 거창한 상징이나 은유 대신 일상적인 장면에서 건져 올리는 무심한 순간들이 존재합니다. 순간의 감정과 기억을 말함으로써 '살아 있음'을 외치는 그의 첫 숨결을 독자님께 보냅니다.

마음산책 드림

결국 모든 것은 분리된다

지나간 것들에 작별을 고하며

산책하는 동안

보폭을 서로에게 맞추는 데

오랜 시간이 걸린다

그것을 자각하고 우리는

소리 내어 말한다

그러나 나는 모르겠어 당신이 알았을지

내가 무슨 생각을 하는지 나는 말했을 거야

내가 생각한 것을

나는 이 벽에 창문이 있다고

생각했다

나는 우리가 이별을 말할 때 사용할 수 있는

그러나 마지막 담배가 포함되지 않은

언어를 찾고 있었다

너는 담배를 피운 적이 없다

그리고 우리의 만남을 진심 어린 인사로

끝내는 것은 내가 보기에 이 상황과

어울리지 않는다

내가 구글링해봤어

어떻게 생각해

몇몇 문화권에서는

취스tschüs˟라고 말한다는데

딱 적당한 온도로

상대를 안아주면서

˟ 독일어로 작별을 고할 때 쓰는 비격식적인 인사말. '안녕!' 또는 '잘 가!'

4 엄마 II

NO NO NO NO ㄷ

ㅏㅇ연히 우리는 크래시하지

3월의 어느 일요일

36분간 통화하다가

그 정도 시간은 들지 당신이

내가 먼저

했으면 좋았을

퇴장을 하는 데

먼저 우는 건 나야

나중에 안녕이라 말하는 건 나야

먼저 다시 전화를 거는 건 나야

NO NO NO NO

목소리가 나중에 갈라지는 건 당신이야

NO NO NO NO

내가 갈라진 틈에

기대어보려고

애쓰는 동안

이별하는

두 명의 어른처럼

우리도 그러자니까

NO NO NO NO

한 사람이 수화기를 내려놓는다

안녕

엄마

나는 데크레셴도로 숨 쉬어요

들리나요 작아지는 소리가

NO NO NO NO

NO NO NO NO

NO NO NO NO

NO NO NO 아니

내가 어떻게

오롯이 홀로 나를

깨닫고 있는지

그리고 집에서 나를 기다리는 어떤 엄마

내가 합창단이면 좋겠어

다양한 목소리를 가지고 있다면

내 안의 이 모든 압박을 실어

노래할 합창단이 내 안에 들어 있다면

무슨 일이 일어났는지

집에서

나를 기다리는

어떤

엄마

숨을 쉬려면 박자가 필요하다

NO 아니 NO 아니

NO 아니 NO 아니

어느 지점에서 우리가 뭔가를
간과했나 어느 지점에서 우리가
충분히 소통하지 않았나
어느 지점에서 우리가
어떤 생각에 도취했었나 어느
지점에서 아아

내가 너무 강하게 나갔나
내가 선을 넘었나
내가 과장이 심했나
내 잘못이 뭐였지
그걸 내가 당신에게 묻는다
내가 울고 있을 때 당신은
수화기를 얼마나 멀리 귀에서 떼었나

그걸 나는 묻는다

나는 몸을 흔든다

나는 담배도 너무 많이 피운다

나는 자주 춤고 그럴 땐 사랑에 대해 곰곰이 생각한다

나는 많은 편지를 삭제하고

나는 후렴구 부르기를

그만두었다

누가 누구를 위해 여기서 최선을 다하려 했나

누가 누구를 위해 여기서 최선을 다하려 했나

누가 누구를 위해 여기서 최선을 다하려 했나

누가 여기서 뭘 원했나

소리가 되울리는

텅 빈 공간 없이

스스로에게

대답하기는 어렵다

누군가 떠오르는 상대가 있다면

사람들은 말한다 그런 때가 온다고

그때는 스스로 좋은 엄마가 되어 있을 거라고

나는 내 몸을 요람처럼 흔들어
잠
재운다

그것을 가늠할 수 있을까
당신도 그런가요

아 아니

엄마 이제 누가 나를

어른으로 만들어주나요

창문을 열고 주무세요

이불을 잘 덮고

꽃에 물 주는 것은 잠시 잊어요

상처 입은 곳들도

용기를 내요 나는

원망은 품지 않아요

명랑해질 필요는 없지만

매번 크레센도를 따라 해봐요

실제로 당신이 자신에게 그런 것보다 부드럽게

다음 문장을 여러 번 읽어보세요

누구도 사물 위에 서 있지 않다
우리는 모두 사물의 한가운데 서 있다

감사의 말

고마운 사람들.

야코프. 신중함과 인내 그리고 편집에 대해.

모니카. 엄마-텍스트가 아이 신발을 신고 걸을 무렵부터 동행해준 것에 대해.

조피아. 이 책의 가장 지혜로운 문장과 그것을 쓰도록 허락해준 것에 대해. "누구도 사물 위에 서 있지 않다/ 우리는 모두 사물의 한가운데 서 있다".

내 가족들. 지지에 대해.

비나, 그리트와 레오니. 너희들의 여우정女友情[*]에 대해.

고마워.

---

[*] 시인이 독일어로 남성명사인 친구der freund를 여성명사(die fruendin)로 바꾸어 새롭게 만든 표현(freundinnenschaft)이다.

한국어판 인사말

데뷔작이 한국어로 번역, 출간된다는 소식을 들었을 무렵, 나는 김혜순 시인의 『죽음의 자서전』을 읽고 있었다. 시인 울랴나 볼프와 박술이 독일어로 번역한 이 시집은 좋은 책들을 갖춘 빈의 모든 서점에 놓여 있었다. 마흔아홉 편의 시. 죽은 사람의 영혼이 윤회의 단계로 접어들기 전 삶과 죽음의 경계를 떠도는 동안 매일 한 편씩. 김혜순의 시는 나에게 깊은 인상을 주었다. 주제, 형식 그리고 실존적 질문을 위해 친근한 이미지를 만들어내는 그의 능력 외에도, 나는 문득 여러 다른 언어들과 시 번역에 대해 다시 생각하게 되었다.

시를 쓰는 시기에 나는 주로 전후 시대부터 오늘날, 즉 1950년대부터 현재까지의 영미시를 읽는다. 독서를 통해 모국어와의 거리를 유지하는 것이다. 그럼으로써 내 언어로 쓰인 글들과 덜 비교하고 덜 얽매이게 된다. 동시에 기존 독일어 번역본의 리듬, 소리, 단어 선택을 이해하고 영어 원문과 대조할 수 있어 개인적으로 큰 도움이 된다.

김혜순의 시를 읽으며 한순간 나는 이러한 비교 접근 방식이 부재한다는 사실을 절실히 깨달았다. 한국어는 내게 낯선 언어이고, 내가 읽거나 이해할 수 없는 언어이다. 청각적으로는 겨우 하나 정도의 멜로디만 감지할 수 있었고, 텍스트를 읽을 때는 전적으로 번역가의 작업에 의존해야 했다.

『나는 드라이어로 내 속눈썹을 말린다』가 한국 독자들에게 소개된다는 소식을 듣고 상황은 달라졌다. 내가 쓴 시가 나에게 생소한 언어로 번역된다는 생각을 지금껏 나는 해본 적이 없었다. 이전에 내 시의 영어 번역에 부분적으로 참여한 적이 있지만, 이제는 텍스트를 온전히 내 손에서 떠나보내야만 했다. 놀랍게도 이 일은 쉬웠다. 무엇보다 관심과 신뢰를 주는 번역가의 작업 덕분이었던 것 같다.

나는 글쓰기의 외로움에서 차츰 벗어나고 있다. 처음으로 시가 내 손을 떠나는 순간은 다른 누군가에게 보여줄 때이다. 그다음 시집이 출간될 때 다시 내 손을 떠나고, 내가 말하고 이해하는 언어로 번역될 때 또 한 번 떠난다. 그리고 마지막은, 나에게 낯선 언어로 번역되어 출간될 때이다. 이런 단계에서 매번 시가 더 많은 독자에게 다가가는 행복이 함께한다.

스스로의 글쓰기와 관련해 지금 내 생각은 다른 곳에 있다. 몇 주 전 두 번째 시집 『굶기 기도하기 울부짖기 헤엄치기 hungern beten heulen schwimmen』가 출간되었다. 그럼에도 최근 김혜순의 시집 『죽음의 자서전』을 여러 번 읽었다. 시를 읽으면 늘 그렇듯, 장기적으로 결국 나는 개별적인 행과 이미지에 집중한다. 「나비-열하루」라는 시에 이런 구절이 있다.

엄마: 설마 너 태어나자마자 웃는 거야?
너: 아니 웃을 수 있는가 보는 거야!

이 시의 관점과 맥락은 내 시의 그것과는 매우 다르지만, 나는 『나는 드라이어로 내 속눈썹을 말린다』에 나오는 몇몇 시들을 떠올려야만 했다. 이런 식의 교감이 얼마나 큰 행운이며 특권인지, 그리고 어쩌면 한국어로 내 시를 접하는 독자들도 나와 비슷한 경험을 하게 될지 모른다는 상상은 또 얼마나 멋진 일인지.

열린 마음으로 나의 시를 읽고 번역해준 옮긴이에게 진심으로 고마움을 전하며, 이 시집을 읽는 독자 여러분도 공명하는 시행詩行과 이미지들을 발견할 수 있기를 희망해본다.

2025년 10월, 빈에서

지르카 엘스파스

해설　　　　　실례지만 내가 나여도 될까요

나는 많은 단어를 안다 그리고 그중 어떤

것도 적합하지 않다(22쪽)

　지르카 엘스파스의 시는 시를 묻는다. 시를 가리킨다. 시적 언어로 치장한 오래된 견고함이 저편에 있다고. 이편에서 그는 다른 시를 쓴다. 아무것도 상징하지 않으며, 은유를 필요로 하지 않으며, 심연으로 침잠하지 않으며. 시의 것인 언어에서 우리의 것인 언어로 시를 쓴다. 정서는 파편적일 수 있으며 빈틈이 있기 마련이니, 빈틈을 더 벌려놓는 시를 쓴다. 그 틈을 느끼게 하고 읽게끔 하는 시를 쓴다. 시가 되기 위해 부풀려지거나 유려해져서는 안 되는, 우리들의 앙상한 삶의 조건들은 균열을 껴안은 채로 고스란히 시에 존재한다.

　엘스파스의 시는 이렇게 시적이라고 믿어온 것들과

멀어짐으로써 더 생생하고 정확해진다. 우리는 이 생생함에 동참하고 우리의 경험들을 무한히 포개며 정확해져간다. 시의 가면을 벗기면서, "실례지만 내가 나여도 될까요"(49쪽) 하고, 완고한 이 세계에 우리의 신발코를 들이밀 수 있는 것이다. 환영받든[*] 받지 못하든 개의치 않으며. 시적이라고 믿어왔던 언어들 대신에 그는 적극적으로 취한다. 조금 더 냉정한 시선을. 조금 더 단단한 태도를. 조금 더 정직한 울음을. 냉소로 기울지 않는 냉정과 다정함의 도움을 구하지 않는 단단함과 슬픔의 소파에 기대지 않는 의젓한 울음은 그의 시가 온몸으로 만들어낸 깊이다. 깊이보다 더 깊다.

지르카 엘스파스의 시는 짜여진 대로 감각해온 인류의 오랜 각본을 거절한다. 고통과 상처가 발화되는 순간에 즉각적으로 슬픔이 끼어들어 멜랑콜리의 정동을 만드는 수순을 거절한다. 고통과 상처가 어떠한 구체적인 트라우마에서 기인한 것인지 그 단서를 제공

---

[*] "그냥 피는 꽃늘이 있지 저렇게/ 놀 틈 사이로" "원하는 사람도 없이/ 저기 피어 있다는 걸"(67쪽)

하기를 거절한다. 희망의 가능성을 향해 열려 있기를 바라는 인간적인 기대를 거절한다. 이 거절들은 오래 전에 이미 체화된 양 태연하다. 다만, 그가 열심으로 구현하는 것은, 이런 나의 이야기를 이 세계에 낯설게 기입해두는 것. 나의 있음. 엘스파스는 있음을 한다. 이에 대해 놀랍도록 간절하고 끈질기게 집중한다. 때론 대담하게. 때론 급진적으로. 때론 취약함을 있는 그대로 드러내며.

*

여름이다 외로움에
짓눌려 나는 두 가지를 동시에 시도한다
사라지기와 커다래지기(34쪽)

옆구리가 터진 소시지. 그것과 닮은 흉터를 갖고 싶은 나. 한 줄에 매달린 전구들. 누군가 말하는 소리. 인스타그램. 트위스트 캔들. 할 말이 없는데도 말하는 사람. 엘리베이터의 손잡이. 진통제. 섭식장애를 앓는 사람들의 모임. 양말. 두 마리의 달팽이. 그냥 피는 꽃들…….

아무렇게나 고른 엘스파스의 시어들만 따로 떼어내 보면 마치 일기나 블로그에서 가져온 단어들처럼 일상적이다. 그러나 이 시어들이 시 속에서 발휘하고 있는 효과는 놀랍도록 선연하고 커다랗다. 예를 들면, 두 마리의 달팽이가 남긴 흔적은 또렷하고 영롱하며, 그 덩치는 우리가 업혀 있다고 해도 전혀 이상하지 않을 것같이 커다래진다. 이 사소하고 비가시적이고 비시적인 사물들을 챙겨 시에 들이는 시인의 감각에 대해 생각하게 된다. 이 사소함들을 건네면서, 소중하지 않느냐고 애써 되묻지 않음으로써 오롯한 장면에 집중할 수 있는 쾌락도 함께 전한다. 이것이 엘스파스의 고유성과 주체성을 한층 돋보이게 한다. 그의 주체적인 목소리는 우선 모든 것을 그 무엇으로도 포장하지 않겠다고 약속하는 듯하다. 그 약속은 시적화자인 '나'에 대해서, 그리고 이 시집에서 큰 비중을 차지하고 있는 "엄마"에 대해서도 마찬가지다.

엄마와 관련된 시편들을 보면 그는 자신의 성장 서

사가 고통이나 상처 같은 개념으로 다뤄지거나 요약되지 않아야 한다고 여기는 듯하다. 고통과 상처, 그 자전적 기원 혹은 사회적 요인을 애써 찾아내어 그 인과관계를 제작할 이유가 그에겐 없어 보인다. 엘스파스의 언어는 인간에게, 특히 청춘에게, 유독 여성에게 이미 생래적으로 드리워져 있는 억압들에 대해 반응하기 때문이다. 그 반응은 당연히 불편하고 꺼슬꺼슬하다. 여성의 입장에서라면, 결여된 단어와 치우친 단어를 콕 집어 말한다. 오로지, 이 결여가 시에 들어올 때, 언어는 그에게 결여의 영역에 대한 권리를 부여한다. "사라지기와 커다래지기"는 이런 식으로도 동시에 시도될 수 있었던 것이다.

그러니, 그의 시에 비극적인 태도는 당연히 불필요해지고 희망을 노래할 이유도 기웃댈 수 없는 것이다. 다만, 이 결여들은 돌부리처럼 튀어나와 울퉁불퉁한 통로를 만들면서 이 통로를 휘청거리며 통과하는 개인이 어떤 식으로 존재하는지를 보여준다. 그냥 받아들이는 자. 그냥 받아 적는 자. 숭고와 깊이를 거부하며 나아가는 자. 살아내는 자. '그냥'에게 숭고와 깊이를 내어주는 자. 여기에서 태도로서의 아름다움이 그의 시 세계에 드리워진다. 엘스파스 덕분에 우리는 시가 우리로부터 이토록 가까이 와 있다는 것을 더 잘 알게 된다.

  나는 나의
  느낌들과 더불어
  테이블 앞에 앉아
  평화의 깃발을 흔든다(71쪽)

엘스파스에게 "평화"란 무엇일까. "백기"라는 제목이 지시하는 바를 곧이곧대로 참고하여, 불안이란 언젠가는 맞이할 평화를 기다리는 일시적인 상태에 불과한 것으로 이해해야 할까. 이 시의 장면에서는 묘하게 긴장감이 감돈다. 이 "백기" 흔들기가 불안을 잠재우기 위한 의식이거나 평화를 갈망하는 표상에 불과할 리는 없다. "평화"란 그저 그런 놀이로서 "테이블" 앞에 잠시 나타난다. 불안은 그때 잠깐이나마 쉬는 시간을 누린다. 이 테이블은 평화가 머물다 홀연히 사라

져버리는 시간으로서의 잠시가 아니라, 불안에게 잠깐이나마 안식의 시간을 줄 수 있는 도구로서의 평화에 가깝다. 언뜻 평화를 희구하는 듯해 보이지만, 실은 평화를 희구하지 않는다는 뜻에 가깝게 여겨진다. 묘한 거절과 있는 그대로의 상태. 있는 그대로의 불안. 이것들이 오묘하게 작동하며 기묘한 리듬을 만든다. 감정과 언어가 낯선 생태계를 기획한다. 엘스파스가 직조해낸 실존적 리듬 속에 관여될 때에 우리는 정체가 불분명했으나 선연히 감각해왔던 개인의 불안과 통증을 공통의 것으로 나누게 된다. 언어는 늘 어딘가 결여돼 있었고 결여된 인간이 결여된 언어 속에서 결여를 응시함으로써 결여의 편에 선다. 결여의, 결여만이 지닌 리듬을 타고서. 결여가 꿈꿔왔다고 오래 믿어온 온전함에 비하자면, 결여는 언제나 새롭다. 엇박자인 채로. 돌연하게. 도약 없이도 도약하며. 엘스파스는 시적 리듬을 이런 식으로 창조하고 있다.

나는 행복을 가진 적이 없지만 가졌더라면
간직했을 것이다(29쪽)

"행복"에 대해서라면, 엘스파스는 또 어떨까. 추구한 적 없지만 누려본 적도 없는 것. 굳이 애써 누리려고 하지 않았지만 홀대한 적은 없던 것. 외면한 적도 없던 것. 온 인류의 지당한 목적에 대한 그의 이 조용한 위배. 충돌 없는 충돌과, 말해질 수 없는 것은 생략하는 힘으로 더 와닿게 만드는 언어들. 솟아오르는 비약으로써만 복구되는 우리의 진짜. 입구는 있으나 출구는 없는 세계. 출구는 없으나 살아갈 수는 있는 세계. 나라는 인물이 비개연적으로 이 세계에 출몰하는 것. 출몰은 그 자체로 경쾌한 존재 증명이 될 수 있다는 것.

*

시에 대한 고전적인 편견들을 거절하는 일은 모든 시인이 저마다 수행하고 있는 기본이다. 시에게 맡겨진 고매한 역할을 거절할 때에 시인은 헐벗은 채로 시 속에 놓인다. 그 상태로 맞이하게 된다. 자기 자신의 진짜 목소리를, 내가 태어날 때에 내가 흠칫 놀랐

던 나의 목소리[*]를 거부감 없이 받아들이게 된다. 이 세계 어디도 경유하지 않은 채로, 결여된 언어가 결여된 채로 시의 맥락에 존재하도록 자유를 부여할 수 있게 된다. 오랜 세월 인류가 시에게 기대해온 것을 더 이상 수행하지 않기로 할 그때에, 연출하지 않고, 암시하지 않고, 시의 깊이를 위해, 무덤을 파지 않는 생생함이 그제야 시에 담긴다. 시가 비약을 꾀하는 것은 숨겨진 비밀을 발굴하기 위해서가 아니다. 반전조차 예상대로 맞아떨어져야 한다고 믿어온 완고함에 의해 진실이 희생되는 것을 저어하기 때문이다. 얼핏 어긋나 보이는 언어의 배열은 예민한 생눈을 지닌 시인에겐 이 세계가 작동되는 방식에 대한 오해 없고 각본 없는 진실들이다. 엘스파스의 시가 의외의 흐름을 갖는 것도 이 때문이다.

 망가진 세계에서 무너진 개인의 목소리. 혹은 무너진 세계에서 부서진 개인의 목소리. 그렇다 해도 절망과 좌절이라는 각본대로 흐르게 두지 않은 채 지탱하

---

* "내가 태어날 때 흠칫하는 건/ 내 목소리 때문이야"(13쪽)

고 견디는 것이다. "우리는 모두 사물의 한가운데 서 있다"(86쪽). 이대로 살아왔고 살아갈 것을 그는 이미 이해했다. 유려한 슬픔에 기대거나 절망의 몸짓을 보태지 않아도 살아감 그 자체를 가시화한다는 것의 기쁨. 여기까지만 발화하기. 이보다 더 희망적인 것을 욕망하면 또다시 치장하고 포장하고 과장하는 일이 시작된다. 우리는 엘스파스를 통해 우리의 무엇, 우리의 어떤 것을 위무받기보다는 우리가 있는 그대로의 우리라는 사실을 더 기꺼이 반길 수 있게 된다.

김소연 시인

박경희 옮김

독일에 거주하면서 번역가, 프로그램 코디네이터로 활동 중이다. 파울로 코엘료의 『흐르는 강물처럼』, 헤르타 뮐러의 『숨그네』, 헤르만 헤세의 『청춘은 아름다워』, 욘 포세의 『아침 그리고 저녁』, 귄터 그라스의 『고양이와 쥐』, 넬라 라슨의 『패싱』, 유디트 샬란스키의 『잃어버린 것들의 목록』, 이언 매큐언의 『암스테르담』, 야콥 하인의 『소시지와 광기』 등을 옮겼다. 천명관의 『고래』를 독일어로 옮겨 공역자와 함께 제31회 대산문학상 번역 부문을 수상했다.